35 CUENTOS EN 1

GRAN TESORO

PARA NIÑOS DE 4 AÑOS

Textos de Deborah Chancellor,
Lizzie Irvin, Jillian Harker, Jan Payne y Nick Ellsworth

Ilustraciones de Andy Catling, Eva Musynski y Diana Catchpole

Primera edición publicada por Parragon en 2011

Parragon Books Ltd
Queen Street House
4 Queen Street
Bath BA1 1HE, UK

Traducción: Carme Franch Ribes para Equipo de Edición
Redacción y maquetación: Equipo de Edición, S.L. Barcelona

ISBN 978-1-4454-4857-2
Impreso en China / Printed in China

35 CUENTOS EN 1

GRAN TESORO

PARA NIÑOS DE 4 AÑOS

PaRragon

Bath · New York · Singapore · Hong Kong · Cologne · Delhi
Melbourne · Amsterdam · Johannesburg · Auckland · Shenzhen

Índice

El cohete nuevo

Simón miraba el nuevo cohete espacial
de su madre, que estaba aparcado en la
Luna. Era de rayas azules y moradas
y brillaba a la luz de las estrellas.

Simón se moría de ganas de montarse en
él. Pero sabía que su madre no le dejaría
hacerlo.

Su madre se puso el casco y le dijo:
«Simón, salgo un momento de la estación
espacial. Pórtate bien». Se metió en el
teletransportador y desapareció como
por arte de magia.

Simón volvió a mirar el cohete y pensó:
«Ahora o nunca. Seguro que es muy fácil
de llevar». Se puso el traje espacial,
se dirigió al vehículo y abrió la puerta.
Su madre había dejado la llave de cristal
puesta en el panel de lanzamiento.

En cuanto la puerta se cerró, se quitó el casco y giró la llave. El motor del cohete se puso en marcha. Simón tragó saliva y pensó: «Estaré de vuelta a la hora de comer». Inspiró profundamente y despegó.

Al principio todo iba bien. Simón sobrevoló el planeta Tierra y, después, se dirigió hacia Marte.

Hasta que un cometa se cruzó en su camino. Simón apretó el botón de socorro y accionó los mandos, pero no tuvo tiempo de virar.

¡Iba a chocar!

«¿Es que no puedo dejarte solo ni un momento, Simón?».

¡Era su madre! ¡Había aparecido de repente!

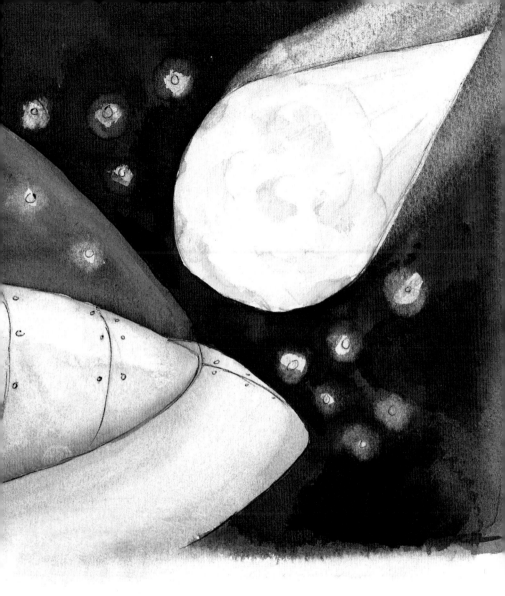

Tomó los mandos y el cohete logró
esquivar el cometa. ¡Por los pelos!
«He recibido tu señal de socorro y me
he teletransportado enseguida», dijo
su madre.

Después se lo quedó mirando, frunció el ceño y le dijo: «Y ahora quietecito hasta que lleguemos a casa».

Simón se temía que iba a estar castigado unos cuantos días pero, por una vez, no le importaba. ¡La aventura había merecido la pena!

La fiesta de la hámster

Alicia miró por la ventana de su habitación. ¡Por fin habían llegado sus mejores amigas!

Amanda y Marta llevaban sacos de dormir bajo el brazo. Daniela traía una enorme manta verde. En cuanto vieron a Alicia, la saludaron con el brazo.

15

«¡Va a ser la fiesta de pijamas más divertida del mundo!», exclamó Alicia. Saltó de la cama y bajó las escaleras de dos en dos.

Después de comer pizza y tarta de chocolate para cenar, las niñas se prepararon para ir a la cama.

«¡Es la primera vez que Alicia se va tan pronto a dormir!», bromeó su madre.

Cuando las cuatro amigas se hubieron instalado en la habitación de Alicia, oyeron un gran ruido detrás de la puerta.

«¿Qué ha sido eso?», preguntó Daniela.

Entonces escucharon un fuerte maullido.

«Es Minina», exclamó Alicia con una sonrisa. «Creo que tiene ganas de jugar».

Marta salió de su saco de dormir y preguntó: «¿Le abro la puerta?».

Pero Daniela exclamó: «¡Ni se te ocurra! ¿Dónde está Lulú? ¡No la veo en su jaula!».

Las niñas miraron hacia donde estaba la jaula. Daniela tenía razón. Lulú, la hámster de Alicia, había desaparecido.

«¡Oh no!», exclamó Alicia. «¡Tenemos que encontrarla! ¡Deprisa!».

Las niñas se pusieron a buscar desesperadamente a Lulú mientras Minina arañaba la puerta del dormitorio.

«¡No seas impaciente, Minina!», exclamó Amanda. «¡Todavía no puedes entrar!».

Daniela miró debajo de la cama de Alicia. Amanda, entre los sacos de dormir. Marta, detrás de la estantería. ¡Ni rastro de Lulú!

Alicia abrió un cajón. «A veces se queda dormida dentro de mis calcetines», dijo.

Pero Lulú tampoco estaba en el cajón. «¿Dónde se habrá metido?», se quejó Alicia.

Hasta que, de repente, Marta vio algo. «¡Mirad!», exclamó.

Las niñas se pusieron a reír. Allí estaba Lulú, durmiendo acurrucada en una de las zapatillas rosas de Alicia.

«¡Parece que también ella ha celebrado la fiesta de pijamas!», dijo Alicia entre risas.

Libros a la fuga

Aquel verano hacía un calor insoportable. Mónica se sintió aliviada al entrar en la biblioteca. Tenía un encargo de su madre.

«Estoy buscando un libro de tartas de cumpleaños», le dijo a la bibliotecaria.

La bibliotecaria negó con la cabeza.
«Lo siento, Mónica. Han desaparecido
un montón de libros», le dijo mientras
señalaba las estanterías medio vacías.

«¡No quedan libros en la biblioteca!»,
exclamó Mónica al llegar a casa.

«No te preocupes», le dijo su madre.
«Hace demasiado calor para ponerse a
cocinar, así que ya le compraré una tarta
a papá». Le dio un refresco y le dijo:
«Te ha llamado Fani, te invita a pasar
la tarde en su casa».

«¡Qué bien!», exclamó Mónica olvidando el incidente de la biblioteca.

Fani vivía en una casa enorme a las afueras de la ciudad. Su padre era Jimmy Jones, un antiguo cantante de rock muy famoso.

Cuando Mónica llegó a casa de Fani,
su padre se quejaba del calor que hacía.

«¡Me voy a derretir!», exclamó mientras
se pasaba la mano por la frente.

Tenían las puertas abiertas de par en par
para refrescar las habitaciones. Mónica
abrió los ojos como platos al ver que
junto a cada puerta había una pila de
libros para mantenerla abierta.

Abrió uno y vio que era de la biblioteca.
Mónica miró a su alrededor: ¡había
unos cincuenta libros en el suelo!
«Mira, Fani», susurró.

«Pero papá, ¡no puedes llevarte todos los
libros de la biblioteca por muy famoso
que seas!», le regañó Fani.

«Tienes toda la razón, Fani», le dijo su padre avergonzado. «Ahora mismo los devolveremos».

De modo que Mónica, Fani y su padre se dirigieron a la biblioteca cargados de libros.

«Siento mucho haberme llevado los libros sin permiso», le dijo a la bibliotecaria. «¿Le gustaría darse un baño en nuestra piscina?», le preguntó con su seductora sonrisa.

La bibliotecaria se puso muy contenta al recuperar sus libros, pero el cantante no se libró de pagar una buena multa por habérselos llevado sin permiso. Aun así, estaba encantada de haber conocido a su cantante favorito. «¡Soy su fan número uno!», le dijo sonrojada.

Una hora después, la bibliotecaria
tomaba un refresco con el cantante
mientras Mónica y Fani se bañaban
en la piscina.

«¡Esto es vida!», le oyó decir Mónica a
la bibliotecaria.

Una compra accidentada

«Ojalá tuviera una bici nueva»,
dijo Edu mientras miraba el escaparate.
«La mía está hecha polvo».

«Y la mía», le contestó Luis. «Pero no
tenemos dinero y aún queda mucho para
nuestros cumpleaños».

Los dos amigos suspiraron.

Edu agarró a Luis por el brazo.
«¡Tengo una idea!», le dijo. «¿Por qué
no hacemos algunos trabajillos para los
vecinos?».

Luis no lo veía nada claro. «Tardaremos siglos en ganar suficiente dinero para comprarnos dos bicis», se quejó.

«¡Pues cuanto antes empecemos, mejor!» contestó Edu. «¡Manos a la obra!».

«Preguntadle a la señora Luna», les sugirió la madre de Edu cuando le explicaron sus planes. «Seguro que tiene algún encargo para vosotros».

La señora Luna les dio una larguísima lista de la compra. «¡Y que no se os olvide nada!», les amenazó. Esta vecina siempre estaba de mal humor.

En el supermercado, Edu y Luis dieron muchas vueltas hasta encontrar todos los productos de la lista.

Pagaron en la caja y se quedaron
mirando el montón de bolsas.

«¿Cómo vamos a llevar todo esto?»,
preguntó Luis.

«¡Vuelvo enseguida!», dijo Edu antes
de salir disparado del supermercado.

Regresó con el cochecito de su hermanita
y Rusti, su perro. «Pon las cosas dentro,
Luis», dijo mientras ataba la correa del
perro al cochecito. «Rusti nos llevará la
compra a casa».

«¡Buena idea!», exclamó Luis.

Pero cuando Luis puso la última bolsa en el cochecito, Rusti vio un gato y se puso a correr tras él.

«¡Deprisa!», gritó Edu. «¡Que alguien detenga ese cochecito!».

Cuando Rusti pasó frente a la casa de la señora Luna, esquivó una farola y ¡zas!, el cochecito chocó con ella.

Las cinco bolsas del supermercado volaron por los aires y se despachurraron con un gran estrépito.

La vecina salió corriendo y les gritó: «¡Limpiad todo esto enseguida!». «¡Y después comprad lo que falta con vuestros ahorros!». Entonces se metió en casa y dio un portazo.

Edu y Luis recuperaron la compra y esta vez llevaron las bolsas ellos mismos.

El señor Luna les pagó, y ellos le prometieron que nunca más irían de compras con un perro.

Los ladrones de huevos

Lilí y Bruno vivían en Canadá, en la isla
Karlin. Les encantaba vivir allí porque se
lo pasaban en grande y se embarcaban
en aventuras increíbles.

«¿Queréis que vayamos a ver los alcatraces?», les preguntó su madre.

«¡Sí, por favor!», dijeron los dos a la vez.

Estas aves marinas vivían en Roca Negra, una pequeña isla rocosa de la zona.

«Espero que hayan empollado algunos huevos», dijo Lilí cuando se dirigían a la isla. «¡Me muero de ganas de ver los polluelos!».

Al desembarcar, corrieron hasta el otro
extremo de la isla. De repente, Bruno
agarró a Lilí del brazo y le dijo: «¡Fíjate
en esos hombres!».

Lilí exclamó: ¡Quieren llevarse los huevos de los alcatraces!».

«No podemos permitirlo», dijo Bruno. «Tenemos que hacer algo».

Entonces se puso a correr hacia la playa. «Si desamarramos la barca no podrán escapar. ¡Vamos, Lilí!», gritó.

Ella le siguió. Ambos corrieron tan deprisa como pudieron.

Encontraron la barca de los ladrones amarrada en la playa.

No fue fácil deshacer el nudo, pero al final lo consiguieron. Lilí y Bruno vieron cómo se alejaba la barca y corrieron a explicarle a su madre lo sucedido.

«¡Habéis hecho muy bien!», les felicitó.
Después, llamó al guardia costero y le
explicó lo de los ladrones.

«No tardo nada en llegar», le dijo.
«Ahora verán quién soy yo».

Los ladrones estaban buscando su barca
cuando llegó el guardia.

«Será mejor que me acompañéis»,
les dijo enfadado mientras les quitaba
la cesta de huevos que habían robado.

Cuando los alcatraces vieron que estaban a salvo, se pusieron a chillar.

«¡Se han puesto contentos al ver que se han ido!», dijo Lilí.

«¡O puede que os estén dando las gracias!», añadió su madre.

Tina, la robot asistenta

Era un sábado por la mañana.
La hermana pequeña de Simón llegaba
tarde a la clase de baile sobre la Luna.

«¡Vamos, Celia!», le dijo su madre.
«¡Llegaremos tarde!». Cuando fue a
buscar el traje espacial de Celia vio
el de Simón tirado en el suelo.

«Tu traje espacial está sucio, Simón. ¿Podrías lavarlo, por favor?», le gritó su madre mientras salía a toda prisa con Celia.

Simón lo miró. Su programa interespacial favorito iba a empezar en cinco minutos y no le apetecía nada ponerse a lavar. Entonces tuvo una idea.

Simón le dio el traje a Tina, la robot
asistenta, y pulsó el botón de lavar en
el cuadro de mandos.

Enseguida, Tina se puso a lavar el traje.
¡Qué fácil! Simón se echó en el sofá y se
puso a ver la televisión. Pero pronto se
quedó dormido.

Simón se despertó con una sensación extraña. Estaba sentado sobre un charco de agua. Tina no solo había lavado el traje, sino también la casa de arriba abajo y todo estaba lleno de pompas de jabón. ¡Qué desastre!

Simón miró el reloj. Su madre estaba al caer. Estaba tan nervioso que pulsó el botón de secar y lo giró a la máxima velocidad.

Tina se puso a girar tan deprisa como le permitían las ruedas, secándolo todo con chorros de aire caliente.

La puerta de la calle se abrió. La madre y la hermana de Simón ya estaban en casa. Simón empujó a Tina a la cocina y corrió a saludarlas.

Su madre tenía algo reluciente en la mano. «¿Que *has* hecho con tu traje espacial?», le preguntó. El aire caliente de Tina lo había encogido a la mitad.

«Ahora debería mandarte a tu habitación sin comer. Pero no puedo porque has dejado la casa como los chorros del oro», le dijo su madre.

Simón iba a contarle que lo había hecho Tina, pero luego cambió de opinión. «Ha sido un placer», dijo con una sonrisa.

¿Verdad o atrevimiento?

Marta disfrutaba de una fiesta de pijamas con sus amigas en su casa. Estaban jugando a «¿Verdad o atrevimiento?».

«¿Te atreves a bajar a hurtadillas y traernos un poco de helado?», le pidió a Amanda.

«¡Eso está hecho!», respondió Amanda
con una sonrisa. Salió del saco de dormir
y abrió la puerta del dormitorio. La casa
estaba en silencio cuando empezó a bajar
las escaleras.

Amanda abrió el congelador y sacó una
buena tarrina de helado. La destapó y,
al ver que era de doble chocolate con
pepitas, exclamó: «¡Mmm, qué rico!».

Amanda ya tenía en sus manos cuatro cucharas y se disponía a subir a la habitación cuando apareció Tobi, el perro de Marta. «¡Guau!», ladró.

«¡Silencio, Tobi!», susurró Amanda. «¡Estate quieto!». Pero era demasiado tarde. Amanda oyó abrirse una puerta y a alguien bajando las escaleras.

Se escondió detrás de la puerta de la cocina justo a tiempo de oír cómo el padre de Marta agarraba algo del paragüero. «¿Quién anda ahí?», gritó.

57

El corazón de Amanda se desbocó. Tobi
ladró otra vez. ¿Cómo iba a volver arriba
sin que la descubriera?

Esperó hasta que el padre de Marta
entrara en el comedor y luego corrió
al recibidor. Cuando se dirigía a las
escaleras, la alfombra resbaló. Amanda
cayó de espaldas, y el helado y las
cucharas salieron volando.

Las cucharas cayeron en el suelo de madera con un gran estrépito, y la tarrina de helado fue a parar a la cabeza de Amanda.

El helado de chocolate empezó a
resbalar por su cara. Moviendo la cola
a toda prisa, Tobi se dispuso a
limpiársela.

Amanda vio cómo el padre de Marta
se reía. Las risitas de Marta, Daniela y
Alicia se oían en las escaleras.

«¡Al menos no era un ladrón!», exclamó el padre de Marta mientras dejaba el paraguas azul en su sitio.

Amanda se quitó el sombrero helado de la cabeza y sintió un escalofrío. «Ya no me apetece helado. ¡Más bien necesito una ducha caliente!».

Las rosquillas que sabían a rayos

«¿Me da una rosquilla, por favor?»,
pidió Mónica al panadero del barrio,
que hacía las mejores rosquillas del mundo.
La niña la tomó del mostrador y pagó.

Mónica se sentó en un banco y le dio un buen mordisco a la rosquilla. «¡Puaj!», exclamó al tiempo que lo echaba de la boca. Sabía fatal.

Entonces llegaron Fani y Carlos, dos compañeros del colegio. Carlos le preguntó: «¿Has comprado la rosquilla en la panadería? Antes estaban deliciosas pero ahora saben a rayos. Hemos dejado de comprarlas».

«No me extraña», contestó Mónica mientras tiraba el resto de la rosquilla a la papelera. Oyó unas risitas y se giró. Eran Jaime y Julio, los traviesos gemelos del panadero.

«¿De qué os reís?», preguntó Mónica enfadada.

«De nada», respondieron y entraron de nuevo en la pandería sin dejar de reír.

«Me parece a mí que estos dos tienen algo que ver con lo de las rosquillas», dijo Mónica pensativa.

«¡Seguro que sí!», contestó Fani.
«¿Os acordáis cuando pusieron agua en el pegamento del colegio para que no pegara?».

«¡Habrá que averiguarlo!», decidió Carlos.

Los tres amigos entraron sigilosamente en la panadería. Jaime y Julio estaban en la cocina.

«¡Mira lo que están haciendo!», susurró Mónica. Los gemelos estaban poniendo sal en el azucarero de su padre.

¡Habían descubierto por qué las rosquillas sabían a rayos! El panadero les ponía sal en lugar de azúcar, y todo por culpa de los gemelos.

Mónica agarró a Jaime y a Julio del brazo y los sacó a la panadería. Jaime todavía tenía el azucarero en la mano. Julio estaba a punto de llorar.

Mónica le dijo al panadero: «¡Mire lo que están haciendo sus hijos! ¡Le están estropeando las rosquillas!».

El panadero se enfadó mucho con Jaime y Julio. «Pasaréis el fin de semana fregando platos en la cocina», les dijo.

Entonces miró a Mónica, Fani y Carlos. «¡Muchas gracias, chicos!», les dijo. «Os regalo una caja de pasteles a cada uno. Y no os preocupéis, ¡no he puesto rosquillas!».

Los lavacoches

El padre de Edu estaba lavando el coche.

«¡Odio hacer esto!», les dijo a Edu y Luis. «¿Por qué no laváis los coches de los vecinos para ganaros unas monedas?».

«Podéis hacerlo en nuestro camino de entrada», añadió.

Edu y Luis pensaron que era una buena idea. Hicieron un cartel enorme, llenaron unos cubos con agua y jabón y pidieron prestadas unas esponjas.

Poco después se acercó el vecino. «¡Hola, chicos!», saludó. «¡Aquí tenéis a vuestro primer cliente!».

Edu y Luis miraron el coche. ¡Estaba terriblemente sucio!

«¡No acabaremos nunca!», se quejó Edu.

Entonces llegó Belinda, que también vivía cerca.

«¡Hola, Belinda!», saludaron Edu y Luis con las esponjas en la mano.

«¿Qué hacéis?», preguntó ella. «¡Parece divertido!».

Edu tuvo una idea. «¡Es muy divertido!», mintió. «Si nos das una moneda puedes echarnos una mano».

«¡Gracias!», dijo Belinda satisfecha. «No llevo nada encima pero luego se lo pediré a mi padre».

Edu le dio una esponja y chocó los cinco con Luis sin que Belinda les viera.

Belinda era muy trabajadora y dejó
el coche como los chorros del oro en
un santiamén.

«¡Buen trabajo, chicos!», les felicitó el
vecino. «¡Muchas gracias!». El siguiente
cliente fue el padre de Belinda.

«¡Hola, papá!», saludó Belinda. «¿Quieres
que te lavemos el coche?».

Edu señaló el cartel para que viera el precio. El padre de Belinda se sacó la cartera.

«¿Me das una moneda, papá?», preguntó Belinda. «Tengo que pagar a Edu y Luis por dejarme ayudarles».

Su padre se guardó la cartera.

«¡Ni hablar!», respondió enfadado.

Se giró hacia Edu y Luis y les dijo:

«¡Voy a hablar con vuestros padres!».

Sus padres se llevaron un buen disgusto.

«Ahora lavaréis gratis el coche del padre de Belinda», dijo la madre de Luis.

«¡Y después los nuestros!», añadió la madre de Edu.

Edu y Luis suspiraron.

«¿Puedo ayudaros gratis?», les preguntó Belinda. «¡Me encanta lavar coches!».

¡Hombre al agua!

Lilí y Bruno habían acompañado a
su padre a tierra firme para comprar
provisiones. Ahora viajaban de vuelta
a la isla Karlin en el *ferry*.

Mientras su padre charlaba con un amigo, Bruno y Lilí decidieron dar una vuelta.

«Id con cuidado», les advirtió.

«Sí, papá», le prometieron.

Los chicos subieron a la cubierta para ver las focas.

«Mira ese niño, Bruno», exclamó Lilí.
«Tal como está, podría caerse».

Había un niño sentado en la barandilla
del *ferry*.

De repente, una enorme ola chocó contra
el *ferry* e hizo que se inclinara. El niño
resbaló y cayó al mar.

Lilí y Bruno corrieron hacia la barandilla.

«¡Socorro!», gritó el niño mientras agitaba los brazos. «¡No sé nadar!».

«Le echaré un flotador», le dijo Bruno a Lilí. «Tú avisa al capitán para que detenga el *ferry*».

«¡Aguanta un poco más!», gritó Bruno.
«Lilí ha ido a pedir ayuda. Te sacaremos
enseguida».

Bruno hizo lo posible para que el niño
no se pusiera nervioso.

Entonces, el *ferry* se detuvo. Bruno sonrió.
¡Así me gusta, Lilí!

El capitán acudió enseguida junto con Lilí, su padre y los asustados padres del niño.

«Bajaré el bote salvavidas», advirtió el capitán.

El padre de Lilí y Bruno se ofreció para remar.

«¡Ten cuidado, papá!», gritó Lilí. «¡Hay mucho oleaje!».

Remó con cuidado en dirección al niño, lo agarró y lo subió al bote.

Al cabo de poco rato, el niño estaba en el barco cubierto con una manta, sano y salvo.

«Gracias por salvarme», les agradeció a Lilí y Bruno. «¡Nunca volveré a sentarme en la barandilla!».

Las botas extraviadas

Simón se moría de ganas de entrar en el equipo de *powerball* de la Escuela Espacial. Convenció a su madre para que le comprara unas botas propulsadas nuevas y practicó todo el fin de semana anterior a la prueba.

Pero el día de la prueba, las botas de Simón habían desaparecido del armario.

Las que le habían prestado le iban grandes. En el calentamiento, Simón tropezó y se cayó de espaldas. Ahora sí que no le dejarían entrar en el equipo.

Simón salió cabizbajo y cojeando del campo, pero el entrenador le detuvo.

«Ya sé que tienes muchas ganas de entrar en el equipo, Simón», le dijo. «Por eso te voy a incluir en el de los principiantes. No te preocupes, ya llegará tu momento».

Durante el partido, Simón se quedó en el banquillo viendo cómo calentaba su equipo.

«¡Mira *cómo* se juega!», le dijo Bardo, el capitán del equipo. Y entonces le lanzó la pelota de *powerball*.

«Bardo, te he visto», le dijo el entrenador. «Quedas expulsado de mi equipo».

«¡Me da igual, este juego no sirve para nada!», gritó Bardo. Salió del campo hecho una furia y tiró sus botas propulsadas.

Simón las miró. Eran iguales que las suyas… ¡Pero si eran las suyas! ¡Bardo se las había robado!

«¡Te toca, Simón!», le avisó el entrenador. ¡Menudo golpe de suerte! Simón ya formaba parte del equipo de *powerball*.

El partido comenzó. Los dos equipos estaban jugando bien. Todos los jugadores querían ganar. Cuando faltaba un minuto, el equipo de Simón perdía por un punto. Entonces, Simón accionó el turbo de las botas y saltó por los aires. Lanzó la pelota y esta entró en la canasta limpiamente.

Sonó el timbre. El equipo de Simón se había proclamado campeón. ¡Habían ganado gracias a Simón!

«¡Buen trabajo, Simón!», le felicitó el entrenador. «¡Es la primera vez que ganamos este trofeo!». Y todo el equipo celebró la victoria a lo grande.

Fiesta sorpresa

Faltaba una semana para el cumpleaños de Daniela y había estado nevando todo el día. Ella y sus amigas estaban en casa de Amanda. Aunque solo era mediodía, cada vez estaba más oscuro.

«¿Qué quieres por tu cumpleaños, Daniela?», le preguntó Amanda.

«¡Me encantaría que me regalaran un perro!», contestó. «Igual que Tobi», añadió sonriéndole a Marta.

«¡Yo también quiero uno!», dijo Alicia. «Pero seguro que a Minina no le gustaría».

De repente, se apagó la luz del dormitorio y todo quedó a oscuras.

«¿Qué sucede?», gritó Alicia. Las niñas se dieron las manos en medio de la oscuridad.

Daniela se echó hacia atrás y cayó sobre una silla: «¡Ay, qué daño!».

«Vayamos abajo», propuso Amanda.

Todas juntas avanzaron hacia la puerta. Cuando Amanda dio con el pomo, abrió la puerta y las demás le siguieron.

Afuera tampoco había luz. La oscuridad era total.

«¡Mamá!», gritó Amanda.

La madre de Amanda subía las escaleras con una vela en la mano. «Tranquilas, chicas, solo ha sido un apagón», les dijo. «Venid, estaréis más cómodas en la sala de estar».

Allí, el padre de Amanda encendía la chimenea. Mientras, las niñas miraban por la ventana: ¡en la calle no se veía ni una luz encendida!

«La nieve ha provocado el apagón»,
dijo el padre de Amanda. «Todas las
carreteras están cortadas».

«¿Y cómo volveremos a casa?»,
preguntó Alicia.

La madre de Amanda les dijo que no se
preocuparan: llamaría a sus padres.

Los dientes de Marta se pusieron a
castañear. «¡Qué frío hace!», dijo.

El padre de Amanda bajó unas mantas.
«Tomad, aquí estaréis calentitas hasta
que la chimenea esté a punto», les dijo.

Las niñas se acurrucaron en los dos sofás
y observaron cómo el fuego era cada vez
más vivo.

Poco después, la madre de Amanda les
trajo unas tazas de chocolate. «Tengo
una sorpresa para vosotras. ¡A ver si la
adivináis!».

«¿Qué es, mamá?», preguntó Amanda.

«¡Esta noche os quedaréis a dormir aquí!», dijo con una sonrisa. «¡Será una fiesta de pijamas sorpresa!».

«¡Qué bien!», gritaron todas.

«¡Me encantan las nevadas!», dijo Marta.

Un fantasma en el desván

Una tarde, Mónica hacía los deberes con
Carlos cuando oyó llamar a la puerta.
Era la señora Lola, la vecina. Parecía
algo asustada.

«¿Sucede algo?», le preguntó la madre de Mónica.

«Le parecerá una tontería, ¡pero creo que mi casa está encantada!», le contestó la señora Lola.

Mónica abrió los ojos como platos. ¡Le encantaban las historias de fantasmas!

«Por la noche oigo golpes, pasos y crujidos en el desván», continuó la señora Lola.

La madre de Mónica le preparó una taza de café que pareció sentarle muy bien.

Pero al día siguiente, mientras Mónica y Carlos ayudaban en el jardín, la señora

Lola regresó. «Ahora resulta que no me funciona la luz y el televisor se enciende y se apaga solo», dijo. «Está pasando algo y, si no lo descubro, tendré que mudarme».

A Mónica le caía bien la vecina y no quería que se mudara. Tenían que averiguar qué pasaba en su casa.

«Mamá, ¿nos dejas una linterna?», preguntó. «Iremos a echar un vistazo al desván de la señora Lola».

«Os acompaño», dijo su padre.

En casa de la vecina, el padre de Mónica se llevó un buen susto al oír un golpe y ver que el televisor parpadeaba. «No me gusta nada todo esto».

«¡No seas miedica, papá!», le dijo Mónica.

Mónica, Carlos y su padre subieron al desván. Cuando la niña encendió la linterna, no podía creer lo que veían sus ojos. ¡Estaba todo patas arriba! Había periódicos hechos trizas por todas partes.

En un rincón se ocultaba una familia de ardillas muy asustadas.

«¡Papá, mira esto!», gritó Mónica.
Él subió la escalera y echó un vistazo.
«Las ardillas han debido de entrar por el agujero del tejado», dijo entre risas.
«Han roído todos los cables que han encontrado, así que no me extraña que la señora Lola no tenga luz».

Carlos corrió a contarle a la vecina lo que habían descubierto.

«¡Menos mal!», exclamó. Entonces llamó al veterinario, que vino enseguida.

«Llevaré las ardillas al parque», dijo. «Seguro que allí estarán mucho mejor».

«Y yo le arreglaré el tejado para que no vuelvan a entrar visitantes misteriosos», dijo el padre de Mónica.

La señora Lola estaba encantada: «Es usted muy amable». Entonces les dio un buen abrazo a Mónica y Carlos y les dijo: «¡Y vosotros sois muy listos».

El jardín del tesoro

Al ver a su madre trabajando en el jardín, Luis tuvo una idea.

«¿Y si nos ofrecemos para cuidar el jardín de los vecinos?», le preguntó a Edu.

Al señor Luna le pareció una gran idea:
«Os pagaré por segar el césped y quitar las
malas hierbas. La cortacésped está
en el garaje».

«¡Yo primero!», exclamó Edu mientras
accionaba el motor.

No era fácil guiar la cortacésped en línea recta, y Edu acabó segando un parterre de flores.

Luis empezó a retirar malas hierbas pero, por error, arrancó unas zanahorias.

El señor Luna salió corriendo de casa con aspecto preocupado. «¡Mis preciosas flores!», gritó. «¡Y mis deliciosas zanahorias!».

«Lo sentimos mucho, señor Luna», dijo Luis.

«La jardinería no es lo nuestro», añadió Edu.

Con un suspiro, el señor Luna se arrodilló para comprobar los desperfectos. Entonces descubrió algo que brillaba entre la tierra.

«¿Qué es esto?», preguntó. «¡Pero si es una moneda antigua!», exclamó. «¡Rápido, chicos, seguid cavando a ver si encontráis más!».

Entre los tres, sacaron un buen montón de monedas.

«Mi madre trabaja en la tienda del museo», dijo Edu. «Dice que allí hay una mujer que sabe mucho de monedas antiguas».

«¡Entonces vayamos a verla!», sugirió el señor Luna.

La mujer del museo se puso muy contenta
al ver las monedas.

«¡Son muy raras!», exclamó con gran
entusiasmo.

Miró al señor Luna y le dijo:
«¡Y seguramente muy valiosas!».

117

De vuelta a casa, el señor Luna enseñó a Luis y Edu a cuidar bien el jardín. Trabajaron toda la tarde y, al terminar, les pagó.

«Nos da demasiado dinero, señor Luna», dijo Edu.

«En absoluto. Sin vuestra ayuda no hubiera encontrado las monedas», les contestó.

Rescate en la playa

Bruno y Lilí estaban preocupados. Hacía tiempo que no veían a su delfín favorito, Saltarín.

«A veces los delfines se adentran en el océano», les dijo su madre. «Ya veréis cómo Saltarín vuelve pronto».

Pero al día siguiente no hubo rastro de él. Ni al otro.

«¿Y si le ha pasado algo?», preguntó Lilí.

«¿Podemos ir a buscarle, papá?», suplicó Bruno.

«Como queráis, pero seguro que está bien», le contestó.

Y los tres se dirigieron a la barca de su padre.

Al cabo de un rato, vieron varios delfines a lo lejos. «Nos acercaremos para ver si Saltarín está con ellos», sugirió su padre. Pero Saltarín no estaba.

Lilí y Bruno estaban cada vez más preocupados. ¿Dónde estaría su delfín favorito?

De repente, los delfines empezaron a rodear la barca mientras silbaban y saltaban por los aires. Se alejaron un poco y después regresaron.

«¡Creo que quieren que les sigamos, papá!» dijo Bruno.

«¡Tienes razón!», le contestó.

Los delfines les llevaron a una isla cercana. Lilí vio un delfín en la playa. «¡Es Saltarín! ¡Seguro que está herido!», gritó.

Su padre amarró la barca y todos corrieron en busca de Saltarín.

«¿Qué le ha pasado?», preguntó Bruno.

«Quizá nadó demasiado cerca de la isla y quedó varado al bajar la marea», explicó su padre. «Si no lo devolvemos al mar, morirá», añadió.

«¡No, por favor!», gritaron Lilí y Bruno.

Su padre sacó el teléfono y llamó al equipo de salvamento de delfines. Después miró a Lilí y Bruno.

«Tenemos que remojar a Saltarín hasta
que lleguen», les dijo.

Sacaron cubos de la barca, los llenaron
de agua y remojaron el delfín.

Cuando llegó el equipo de salvamento, ayudaron a Saltarín a volver al mar.

El delfín nadó un poco y después saltó del agua y movió las aletas.

«¡Creo que os está dando las gracias!», les dijo su padre con una sonrisa.

La visita de Pipe

Simón estaba emocionado. Su amigo
por correspondencia Pipe vendría a
a visitarle desde el planeta Yop. Se
conocían por cartas vía satélite pero hoy
iban a verse las caras por primera vez.

Cuando llegó, Simón no podía creer lo que veían sus ojos. No fue la piel verde llena de escamas lo que le sorprendió, sino sus dos cabezas y siete tentáculos.

«¡Bip, glupi dup!», saludó Pipe con alegría.

Simón miró a su padre y le preguntó: «¿Qué ha dicho?».

«Has olvidado encender el traductor», le respondió su padre. Entonces giró una ruedecilla de su traje para ponerlo en marcha.

«¡Hola, Simón!», dijo Pipe.

Ahora sí lo entendía. «¡Hola, Pipe!», le respondió.

No era fácil divertirse con Pipe. Primero
lo llevó a una pista de patinaje, pero no
había patines para tantos tentáculos.
Después probaron con el baile sobre
la Luna, pero se resbalaba sin parar.

Al final decidieron ir a comer al
restaurante favorito de Simón, el Café
Sideral.

Pipe comió más de lo que Simón comía en una semana. Se zampó diez hamburguesas cósmicas, ocho platos de patatas meteóricas y seis macedonias galácticas.

«¡Riquísimo!», se relamió Pipe.

Pero Simón empezó a preocuparse.
No sabía cómo iban a pagar todo aquel
festín.

Al ver que no tenían dinero suficiente,
el propietario del restaurante les dijo:
«¡Tendréis que lavar los platos!».

En la cocina, Pipe se puso a hacer
malabarismos con los platos. ¡Simón no
podía creerlo! En apenas unos minutos
habían terminado.

El propietario les felicitó: «¡Si estas vacaciones buscáis un trabajillo, ya sabéis!».

Simón y Pipe se pusieron muy contentos. No solo pasarían las vacaciones juntos, sino que además ganarían un dinerillo.

Fiesta de pijamas

El colegio había terminado. Alicia, Marta y Amanda iban a pasar la noche en casa de Daniela.

«¿Bailamos?», preguntó Daniela mientras comían patatas fritas. «Así probaremos la bola de espejo que me regalaron por mi cumpleaños».

«¡Buena idea!», dijeron las demás.

Daniela eligió la mejor música de baile y sus amigas buscaron ropa adecuada para bailar en el armario.

Después de cambiarse de ropa, hicieron un poco de espacio en la habitación de Daniela y corrieron las cortinas. Daniela puso la música y Amanda encendió la bola de espejo.

De repente, la habitación se llenó de
música y lucecitas, ¡como una fiesta de
verdad!

Las niñas se pusieron a cantar y bailar. Daniela agarró el cepillo del pelo y se subió a la cama. «¡Miradme, chicas!», dijo entre risas. Sus amigas la animaron mientras cantaba con el cepillo como si fuera un micrófono.

Amanda, Alicia y Marta también se subieron a la cama.

Pero cuando Alicia iba a dar una patada al aire, se oyó un estruendo y la cama se rompió. Marta y Amanda cayeron al suelo, y Alicia salió disparada y fue a parar encima de Daniela.

El hermano mayor de Daniela entró
en la habitación. «¿Qué pasa aquí?
¿Un accidente en la pista de baile?»,
dijo riendo.

«¡No tiene gracia! ¡Hemos roto la cama!», le contestó Daniela frotándose la cabeza.

«Yo la arreglaré y no le diré nada a mamá. ¿Qué me dais a cambio?», dijo Juan.

Las niñas se miraron. «¿Media tableta de chocolate?», preguntó Marta.

Juan se rió. «¡Con esto no tengo ni para empezar!», le contestó.

Al final les hizo prometer que le darían *todos* sus caramelos y patatas fritas antes de ir a buscar la caja de herramientas.

Cuando hubo arreglado la cama, las niñas se pusieron el pijama.

«¡La próxima vez que baile lo haré en una pista de verdad!» se quejó Daniela.

«¡O en un escenario!», dijo Amanda entre risas.

El collar robado

«¡Feliz cumpleaños, Fani!», dijo Mónica
mientras abrazaba a su amiga. Llevaba
semanas esperando aquella fiesta de
cumpleaños.

La fiesta comenzó con un espectáculo de magia en el jardín. Todo el mundo quedó boquiabierto con los trucos del mago.

Pero de repente, la madre de Fani subió al escenario. «¡Que pare el espectáculo! ¡No encuentro mi collar de diamantes! ¡Me lo han robado!».

144

«¿Tu collar de diamantes?», preguntó preocupado el padre de Fani.

«¡Sí, y vale una fortuna!», contestó. «¡Llama a la policía!».

«¡Mamá siempre hace lo mismo!», exclamó enfadada Fani. «Seguro que lo encuentra por alguna parte. La cuestión es arruinar mi fiesta de cumpleaños».

Mónica quería ayudar a su amiga. ¡Y los misterios le gustaban aún más que la magia!

«Voy un momento al baño, Fani», dijo mientras se ponía de pie.

145

«¡A investigar se ha dicho!», pensó.

Camino de la casa, Mónica oyó un grito detrás de un arbusto y corrió a ver qué sucedía.

Descubrió a las dos hermanas pequeñas de Fani en su casita de juegos. Iban vestidas de princesas.

«¡Es mío! ¡Devuélvemelo!», dijo Sara.

«¡No, yo lo vi primero!», contestó Teresa mientras agitaba el collar reluciente.

«¡Hola!», saludó Mónica. «¿De dónde habéis sacado este collar tan bonito?».

«Nos lo han prestado», contestó Teresa.

«Para jugar a princesas», añadió Sara.

Mónica se rió. «Será mejor que se lo digamos a vuestra mamá», añadió.

La madre de Fani se puso muy contenta. «La próxima vez, pedidme las cosas antes de tomarlas», les dijo mientras les daba un abrazo. «Ahora id a buscar a Fani y que comience de nuevo el espectáculo».

Cuando terminó el espectáculo,
la madre de Fani dijo: «¡Buenas noticias!
Mi collar ha aparecido y, para celebrarlo,
estáis todas invitadas a probaros mis
joyas».

Fani se puso muy contenta. «Será genial,
¡vamos chicas!», exclamó.

Mientras las invitadas se miraban en el espejo del armario, Fani le dio las gracias a su madre.

«Dale las gracias a Mónica, Fani», dijo con una sonrisa. «¡La fiesta ha sido un éxito gracias a ella!».

La gata comilona

Edu y Luis pusieron un servicio para cuidar mascotas. Su primer trabajo fue alimentar a Peluda, la gata de los señores Luna, durante su semana de vacaciones.

«No os olvidéis de darle de comer tres veces al día», les dijo el señor Luna cuando les entregó aquella gata enorme.

Cuando su mujer entró en el coche, el señor Luna les susurró: «¡Que no coma demasiado y que haga algo de ejercicio! ¡Hasta la semana que viene!».

«El señor Luna tiene razón», dijo Luis una semana después mientras él y Edu miraban cómo Peluda se zampaba su vigésimo primer cuenco de comida. «Peluda come demasiado y se mueve muy poco».

«Tenemos que hacer algo», dijo Edu. Entonces imitó el ladrido de un perro.

Edu y Luis no sabían que los gatos corrieran tanto. Salió disparada por la gatera y se subió al primer árbol que encontró.

Luis y Edu corrieron tras ella.

«¡Peluda, baja de ahí!», dijo Luis. Pero Peluda no quería bajarse.

«¡Mira lo que has conseguido, Edu!», le recriminó Luis.

«Tranquilo, ya verás cómo baja», le dijo Edu. Luis fue a buscar el arco y las flechas de juguete y una cuerda. Después, ató la cuerda a una de las flechas y disparó a una rama.

«Luis, sujeta un extremo de la cuerda», dijo Edu. Poco a poco, Edu trepó el árbol con la cuerda. «¡Creía que sería más fácil!», dijo jadeando.

Pero cuando llegó a la rama en la que estaba Peluda, la gata dio un salto y se bajó del árbol.

Edu miró hacia abajo. «¿Y ahora cómo me bajo?», gritó.

«¡Llegamos justo a tiempo!», exclamó el señor Luna. Apoyó una escalera en el árbol y le ayudó a bajar. «¿Qué hacías ahí arriba?», le preguntó.

Edu y Luis se lo explicaron y el señor Luna se rió de buena gana.

Pero a su mujer no le pareció tan divertido. «Es la primera vez que Peluda se sube a un árbol», dijo enfadada mientras abrazaba a su mascota.

Peluda ronroneó con satisfacción.

«Pues quizá debería hacerlo más a menudo», replicó el señor Luna.

«¡Gracias por hacer que se moviera!», les dijo con un billete en la mano. «A partir de ahora le ladraré de vez en cuando», bromeó.

Naufragio

Aquel día, Lilí y Bruno acompañaron a su padre a ver las crías de foca.

«Son preciosas», dijo Lilí con una sonrisa.

«Además están sanas y contentas», dijo su padre con satisfacción.

Hacía poco que habían zarpado cuando Bruno notó los pies mojados. «¡Papá! ¡El barco hace aguas!», gritó.

Lilí miró hacia abajo. «¡Cada vez hay más agua! ¡Debe haber un agujero enorme!».

Su padre agarró un cubo. «A ver si podemos achicarla», dijo. «Regresaremos a Roca Negra».

Pero cada vez había más agua, tanta que a Lilí casi le llegaba a las rodillas.

«¡Papá! ¡Nos vamos a hundir!», gritó.

«Tranquilos, estamos muy cerca», dijo su padre señalando la isla. «Llegaremos a nado».

Saltaron por la borda con los chalecos salvavidas y nadaron los tres juntos.

«Pediré ayuda», dijo su padre cuando llegaron a Roca Negra. Pero no encontraba su teléfono.

«He perdido el teléfono, ha debido caérseme del bolsillo».

Lilí y Bruno tenían frío, estaban empapados y querían volver a casa.

«Todo irá bien, mamá vendrá a buscarnos», les dijo su padre.

«Pero, ¿cómo sabrá dónde estamos?», preguntó Lilí.

Su padre se puso a pensar. «Encenderemos una hoguera», decidió. «Cuando mamá vea el humo vendrá a ver qué sucede».

Recogieron un poco de leña y su padre frotó dos ramitas para hacer fuego.

Los tres se arremolinaron junto a la hoguera para entrar en calor.

Poco después, Lilí vio que se acercaba una lancha motora. Eran los guardas de la costa.

Entonces oyeron una voz conocida hablando por el megáfono de la lancha. ¡Era su madre!

«¿Llegamos en buen momento?», preguntó.

«¡Bien!», gritó Bruno.

«Dentro de poco estaremos en casa», dijo su padre.

El cumpleaños de Simón

Aquella mañana, Simón había madrugado.
¡Por fin había llegado el día de su
cumpleaños!

Simón se moría de ganas de abrir los regalos. Seguro que le habían comprado el disco de Los Supersónicos, su grupo favorito.

Saltó de la cama y bajó corriendo las escaleras. Mamá estaba en la cocina engrasando a Tina, la robot asistenta.

«Buenos días, Simón», le saludó.
«¿Podrías poner la mesa para desayunar?
Hoy es el día de descanso de Tina».

Simón no se lo podía creer. ¿Y su
cumpleaños? «¿Dónde está papá?»,
preguntó.

«Se ha ido temprano. Le espera un día ajetreado», le respondió su madre.

Celia entró a toda prisa en la cocina: «¡Hoy tengo excursión! Tenemos que llegar pronto porque el autobús espacial sale a las ocho en punto».

«¡Démonos prisa!», dijo su madre mientras le daba a Simón un cartón de leche. «Prepárate tú mismo el desayuno, Simón. Tengo que llevar a Celia al colegio».

¡Nadie se acordaba de su cumpleaños!

En la Escuela Espacial, la cosa no fue mejor. Hoy le tocaban las asignaturas que menos le gustaban.

De vuelta a casa, su mejor amigo, Raúl, intentó animarlo. «¡Te echo una carrera!», le dijo. Y los dos llegaron a casa saltando con sus pelotas espaciales.

El padre de Simón abrió la puerta.
«¡Sorpresa!», dijo. Le esperaba toda la
familia. Había globos por todas partes
y un montón de regalos.

«¿Cómo íbamos a olvidarnos?», dijo su
madre dándole un beso. «¡Venga, abre
los regalos!».

Simón abrió un paquete. «¡Entradas para el concierto de Los Supersónicos de esta noche!», gritó.

«Hay entradas para todos, también para Raúl», dijo su padre.

Simón sonrió. ¡Después de todo iba a ser un fantástico día de cumpleaños!

La fiesta de cumpleaños

El día de su cumpleaños, Alicia invitó a sus amigas a una fiesta de pijamas. Como era verano, decidió montar su tienda de campaña nueva en el jardín. Por fin había llegado el día y podrían celebrar una fiesta por todo lo alto.

Cuando las niñas se instalaron, ya había salido la luna. Alicia, Marta y Daniela abrieron la cremallera de la tienda y saltaron encima de los sacos de dormir.

«¡Qué lástima que Amanda no haya podido venir!», dijo Marta. «¡Habría sido mucho más divertido!».

Las amigas sacaron las patatas fritas,
las galletas y los sándwiches de
mantequilla de cacahuete y mermelada.
Mientras comían, contaban historias de
fantasmas.

Daniela contó la historia de un granero del vecindario. Según su hermano, estaba encantado.

Pero entonces se oyó un gran estruendo.

«¿Qué ha sido eso?», preguntó asustada Marta.

«Ha debido ser un gato o algo así», contestó nerviosa Alicia.

En cuanto se callaron, se escuchó otro estrépito y algo parecido al crujido de las ramas.

Marta dio un salto. «¡Eso no ha sido un gato!», dijo mientras agarraba la linterna.

«¿Qué será ese crujido?», preguntó Daniela. «¡Se oye aquí mismo!».

Alicia tomó los zapatos. «¡Esto no me gusta nada!», exclamó.

Marta y Daniela salieron de los sacos de dormir.

«¡Vayámonos de aquí!», gritó Daniela.

Las niñas recogieron sus cosas y salieron de la tienda de campaña.

«¡Deprisa, seguidme!», gritó Alicia, que las guió entre la hierba hasta la casa.

«¡Esperad!», dijo una vocecita tras ellas. «¿Adónde vais?».

¡Era Amanda!

«¡Al final mi madre me ha dejado venir!», dijo riendo. «Pero me ha costado encontrar la tienda a oscuras».

Alicia, Daniela y Marta se rieron. «¡Así que eras tú la que hacía tanto ruido!», exclamó Daniela. «¡Pensábamos que era un fantasma!».

Alicia le dio un abrazo a Amanda. «¡Qué bien que estés aquí!», le dijo. «Esto no hubiera sido lo mismo sin ti».

«¡Y ahora vamos a celebrarlo todas juntas!», gritó Marta.

El misterio del maizal

El padre de Mónica leía el periódico. «¡Mira esto!», le dijo señalando la fotografía de unos enormes círculos de maíz aplastado de la granja de Ginés.

«¿Qué ha pasado aquí?», preguntó Mónica.

«No se sabe, pero dicen que podrían ser extraterrestres», contestó su padre con una sonrisa. «¡Quizá esta noche ha aparcado un ovni en medio del maizal!».

Mónica no podía dejar de dar vueltas a aquella incógnita. Tenía que resolver aquel misterio.

Durante la cena, se le ocurrió una idea. «Carlos y yo tenemos que hacer un trabajo sobre los murciélagos», le dijo a su padre. «¿Quieres venir con nosotros a contarlos? Podríamos ir hasta la granja de Ginés».

Su padre sonrió. «Está bien», accedió. «Como mañana no hay colegio, iremos hoy mismo».

Así que los tres salieron aquella noche
con un termo de chocolate. Había
luna llena y las estrellas brillaban.
Encontraron un buen lugar para sentarse
en lo alto de la colina.

Se hacía tarde y Mónica estaba cansada.
Su padre roncaba. Los ojos de Mónica
empezaban a cerrarse cuando, de repente,
se abrieron como platos al ver que
algo se movía entre el maíz. ¡Casi se le
olvida! En el maizal había dos chicos.

Mónica despertó a su padre y a Carlos.
«¡Mirad allí!», les advirtió.

El padre de Mónica dio un brinco.

Los chicos se pusieron a aplastar el maíz con el monopatín. Se movían con rapidez y estaban dibujando un gran círculo.

Carlos, Mónica y su padre fueron hacia ellos. «¿Queréis parar de una vez?», les dijo su padre.

Los chicos les miraron avergonzados. «Solo nos divertíamos un poco», contestaron. «Nos gusta que hablen de esto en el periódico».

«Si prometéis no volver a hacerlo, no os delataremos», dijo Mónica.

«¡Trato hecho!», dijeron aliviados los chicos.

A la semana siguiente, Mónica corrió a la tienda para comprar el periódico.

«¡Mira, papá!», le dijo mientras le enseñaba la última foto del maizal de Ginés. «Se acabaron las señales, ¡los "extraterrestres" se han ido!».

Su padre sonrió. «Pero nosotros sabemos la verdad, ¿no es cierto?», le contestó él.

La obra de arte

Edu tuvo una gran idea. «¿Y si colgamos un póster en el tablón de anuncios del colegio?», dijo. «Servicio de trabajillos a domicilio Edu y Luis».

«¡Vamos allá!», respondió Luis.

El jueves por la tarde, Laura, la directora del colegio infantil, les dijo: «He visto vuestro póster y tengo un trabajillo para vosotros: ¿os gustaría pintar la pared del patio?».

«¿Se refiere a la vieja pared de la esquina?», preguntó Luis.

«Sí», respondió Laura. «Necesita un buen lavado de cara».

«¿Cuándo empezamos?», preguntó Luis.

«Mañana después de clase», contestó Laura.

Dicho y hecho. Al día siguiente, el conserje les dejó unos botes de pintura y unos pinceles.

«Laura no ha dicho de qué color la quiere», dijo el conserje. «Elegid vosotros». Y después regresó al garaje que había junto al patio.

Edu y Luis se quedaron mirando las pinturas: roja, amarilla, verde y púrpura.

«Si la pintamos de un solo color quedará aburrida. ¿Y si los utilizamos todos?», propuso Edu.

Luis asintió con la cabeza. «Pintemos jugadores de baloncesto», sugirió con el bote de pintura verde en la mano.

«Mejor monstruos», contestó Edu con el bote de pintura púrpura en la mano.

«¡Jugadores de baloncesto!», insistió Luis.

«¡Monstruos!», replicó Edu mientras daba una pasada de pintura púrpura.

«*¡Jugadores de baloncesto!*», gritó Luis mientras cubría la pintura púrpura con la verde.

Cuando dejaron de discutir, la pared estaba salpicada de púrpura y verde pero no había ni rastro de monstruos ni de jugadores de baloncesto.

«¡Qué desastre!», exclamó Luis mirando la pared.

«Nos hemos metido en un buen *lío*», dijo Edu. Y echaron a correr hacia casa.

El lunes a primera hora, Laura pidió ver
a Luis y Edu. Primero los miró en silencio.
Después, los felicitó. «¡Buen trabajo,
chicos!», les dijo. «¡Habéis pintado una
maravillosa obra de arte moderno!».

Ambos se miraron con una sonrisa cuando
Laura les entregó un sobre. «Este dinero
es vuestro, os lo merecéis», les dijo.

La tormenta

Una noche, una buena tormenta despertó
a Lilí y Bruno. Los truenos y relámpagos
daban mucho miedo.

«No puedo dormir», dijo Bruno mientras abría las cortinas para ver la tormenta.

«Ni yo», dijo Lilí. Bajaron las escaleras y se encontraron con sus padres en la cocina.

«Nos ha despertado la tormenta», dijo Bruno.

«Arma un buen estruendo», añadió su madre.

De repente, se apagaron las luces.

«¡Se ha ido la luz!», gritó Lilí.

Su padre trajo un par de quinqués.

Los cuatro se sentaron a tomar un chocolate mientras afuera arreciaba la tormenta. Entonces sonó el teléfono de su padre, que parecía muy preocupado.

«Era el farero», dijo. «Los rayos han impactado contra el faro y ahora no funciona».

El farero le dijo que una barca intentaba llegar a puerto. «Sin la luz del faro no podrá orientarse», dijo. «Intentaremos guiarla con unos reflectores».

Entonces los cuatro pusieron rumbo al puerto con los reflectores en la mano.

«Primero tenemos que encontrar la barca», dijo su padre. En cuanto iluminó el mar con el reflector, la vio: «¡Allí está!».

«¡Mirad! ¡Va a chocar contra las rocas!», gritó su madre.

Si la barca chocaba, se rompería y se hundiría.

Entonces los cuatro se juntaron bien e iluminaron a la barca para que llegara a puerto. Pero esta no cambiaba de dirección.

«¡Sigue dirigiéndose a las rocas!», gritó
Bruno.

Todos miraron la barca temerosos.
¿Verían las luces a tiempo? La barca se
acercaba cada vez más a las rocas.

De repente, muy despacio, la barca
empezó a virar.

«¡Han debido vernos!», gritó emocionada
Lilí.

Gracias a ellos, la barca había llegado sana y salva a puerto.

Cuando el capitán tomó tierra, se dirigió a ellos. «Muchas gracias», les dijo. «No sé qué habría sido de nosotros sin vuestra ayuda».

«¡Ha sido un placer!», dijo muy satisfecha Lilí.

El aprendiz de astronauta

Cuando se despertó, Simón sabía que algo iba mal. ¡Habían dado las nueve! Hoy tenía que hacer el examen de jóvenes astronautas y ya llegaba quince minutos tarde.

Saltó de la cama y chocó con su padre
camino del baño.

Su padre le miró mal. «Mamá se ha ido
pronto esta mañana y mi despertador no
ha sonado», se excusó.

«¡Llego tarde al examen!», añadió Simón.

«¡Y yo al trabajo!», le contestó su padre. «Hoy tendrás que ir solo al colegio».

Simón tomó sus botas voladoras con las que corría como un rayo. Pero luego se acordó de que se habían quedado sin baterías.

Simón no tenía permiso para utilizar el teletransportador, pero pensó que era una emergencia y debía intentarlo. Pulsó los botones con cuidado para elegir el destino. Si se equivocaba, podía ir a parar a otra galaxia.

Simón inspiró profundamente y entró.
Cerró los ojos y pulsó el botón de
arranque.

Unos segundos después estaba en el aula
del examen. ¡Lo había conseguido!

«Siéntate, Simón», le pidió su maestro,
el señor Satélite. «El examen está a punto
de comenzar. ¡Buena suerte!».

Cuando Simón llegó a casa, su madre estaba furiosa. «He encontrado tu casco en el teletransportador», le dijo. «¿Cómo has podido hacer algo así? ¡Es *muy* peligroso!».

Entonces sonó el teléfono por satélite. Aún enfadada, su madre contestó.

Cuando terminó de hablar, se fue hacia
él y le dio un abrazo. «Era tu maestro»,
le dijo. «¡Has sacado un sobresaliente
en el examen de hoy!».

Simón no se lo podía creer. «¡Qué bien!»,
exclamó.

«Supongo que esta alegría compensa lo del teletransportador», le dijo su madre mientras le daba su casco espacial. «Algún día serás un buen astronauta, Simón, pero de momento eres un magnífico aprendiz».

Una fiesta pasada por agua

Marta y Daniela desenrollaban los sacos de dormir en la habitación de Amanda. Alicia le daba de comer a Chispa, el jerbo de Amanda.

«¡Max me tiene loca!», dijo Amanda. «¡Odio tener un hermano gemelo!».

Max no paraba de gastarle bromas pesadas. Primero él y Jaime le habían puesto una rana en la cama y mostaza en los sándwiches de mantequilla de cacahuete. Después, le habían escondido las zapatillas de ballet para que llegara tarde a clase.

«¿Por qué no te vengas de él?», dijo Daniela sentándose en la cama de Amanda. «¿Y si le gastamos una buena broma?».

Marta y Alicia estuvieron de acuerdo. Las amigas se pusieron a pensar.

«¡Ya sé!», dijo Daniela. «¡Se me ha ocurrido una broma buenísima! Podemos poner un cubo lleno de agua sobre la puerta de su habitación. ¡Así cuando la abra recibirá una buena ducha!».

217

«¡Una idea genial!», dijo Amanda.
«Voy a buscar un cubo, mientras tanto
comprobad que Max no esté en su
habitación».

Marta y Alicia salieron al rellano y
llamaron a la puerta de Max.

Nadie respondió. «¡Vía libre!», gritaron.
Amanda regresó con un cubo, y ella y
Daniela lo llenaron de agua en el baño.

219

Amanda, Alicia y Marta levantaron el cubo y se lo dieron a Daniela.

Amanda abrió un poco la puerta para que el cubo quedara bien apoyado y llamó a su hermano: «¡Max! ¡Tienes un regalito esperando en la habitación!».

Amanda, Alicia y Marta se metieron corriendo en la habitación de Amanda.

«¡Date prisa, Daniela!», susurró
Amanda.

Pero cuando Max subía las escaleras,
Daniela perdió el equilibrio sobre la silla
y se precipitó encima de él. El cubo se
cayó y ambos quedaron empapados
de la cabeza a los pies.

En ese momento apareció Jaime.

«¡Sonreíd!», dijo Jaime riendo mientras tomaba una fotografía de Daniela y Max antes de que pudieran escapar.

Sabotaje de carnaval

Mónica iba a desfilar como *majorette* en la fiesta de carnaval. Pero la entrenadora tenía malas noticias: «Lo siento pero los bastones han desaparecido y hoy no podremos ensayar».

Aquella tarde, el padre de Mónica llegó pronto del ensayo de la banda. «Nos han robado los instrumentos y si no los recuperamos, el desfile se quedará sin música. Habrá que cancelar la fiesta de carnaval».

Al día siguiente Mónica fue a visitar a la entrenadora y le preguntó: «¿Han aparecido los bastones?».

«Me temo que no, Mónica», le contestó con tristeza.

Entonces vio una corona en una estantería. Era de la reina del carnaval del año anterior y pertenecía a Susi, la hija de la entrenadora. Mónica la tomó.

«¡Ni se te ocurra tocarla!», dijo Susi, que había irrumpido en la habitación.

«Susi está muy orgullosa de su corona», dijo su madre. «Pero pronto tendrá que despedirse de ella».

«¿Por qué?», preguntó Mónica.

«Habrá que entregársela a la nueva reina del carnaval, ¿no?», le contestó la entrenadora.

«Siempre y cuando se celebre el carnaval», murmuró Susi.

Pero Mónica la oyó. «Me pregunto si…», pensó. «¡Esto explicaría por qué está desapareciendo todo!».

«Perdón, ¿puedo ir un momento al baño?», preguntó Mónica. Subió las escaleras y, después de comprobar que nadie la veía, entró en la habitación de Susi.

227

Mónica descubrió un montón de bastones bajo la cama. ¡Incluso un trombón reluciente en el armario!

Bajó las escaleras con el trombón y un bastón en la mano. «¿Esto es tuyo, Susi?», le preguntó.

Susi rompió a llorar. «Quería ser la reina del carnaval para siempre», dijo. «Por eso quise anular la fiesta de este año. ¡Voy a compensaros a todos, lo prometo!».

«¡Por supuesto que lo harás, Susi!», le dijo su madre enfadada.

Susi lloraba arrepentida. «Ya sé qué puedo hacer. Maquillaré a los niños del desfile».

«Es un buen comienzo», dijo su madre.

El maquillaje fue todo un éxito. Antes de comenzar el desfile, Susi le entregó la corona a Fani, la nueva reina del carnaval. «¡Felicidades!», le dijo. «¡No está mal ser reina del carnaval, pero es más divertido ser una artista del maquillaje!».

El misterio de la momia

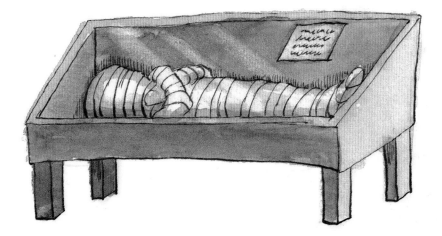

Edu y Luis estaban contando el dinero que habían ganado con sus trabajillos.

«A este paso nunca podremos comprarnos las bicis», dijo Edu con tristeza.

La madre de Edu entró en la habitación. «¡Tengo otro encargo para vosotros!», les dijo. «Necesito que mañana repartáis estos folletos». Ella era la dependienta de la tienda del museo.

Al día siguiente, Edu y Luis fueron al museo con la madre de Edu.

Ella les entregó un montón de folletos sobre la nueva exposición de momias egipcias.

«Dádselos a la gente que pase por aquí», les dijo.

Hacía un frío que pelaba, y Edu y Luis
se cansaron pronto.

«¡Tengo los dedos como témpanos de
hielo!», murmuró Luis.

«Vamos adentro», propuso Edu. «Nos esconderemos en el baño para entrar en calor».

En el baño encontraron un carrito de limpieza cargado de rollos de papel higiénico.

Edu miró a Luis y sonrió. Cogió uno de los rollos y empezó a enrollarlo alrededor de Luis.

«¡Así entrarás en calor!», bromeó.

Cuando Edu hubo terminado, Luis apenas podía moverse.

«¡Tienes una pinta muy divertida!», rió Edu mientras le daba una palmadita a su amigo.

Pero entonces Luis perdió el equilibrio y fue a caer sobre la puerta, que se abrió del impulso. «¡Ayuda!», gritó desorientado.

Delante de él había una vitrina abierta.
Dos ladrones estaban a punto de robar
la valiosa momia.

«¡Socorro!», gritaron los ladrones al ver
a Luis. «¡La momia ha resucitado!».

Luis, que aún intentaba recuperar el
equilibrio, se tambaleó hacia ellos.

«¡Rápido! ¡Larguémonos de aquí!»,
gritaron asustados los ladrones.

El director del museo corrió hacia Luis
y Edu. «¡Habéis salvado nuestra pieza
más valiosa!, les dijo. «¡Esto merece una
recompensa! Os daré un talón a cada uno».

«¡Vaya!», exclamó Luis.

«¡Ahora sí que podremos comprar las
bicis!», dijo Edu.

Perdidos en el mar

«Voy a fotografiar los tiburones»,
dijo la madre de Lilí y Bruno. «¿Me
acompañáis?».

«¡Claro, mamá!», dijeron ambos a la vez.
Les apetecía mucho la experiencia.

Su madre tomó la cámara, se subieron los tres a la barca y zarparon.

Bruno fue el primero que vio los tiburones. «¡Están ahí!», señaló.

«Mira ese. ¡Está saltando!», gritó Lilí.

A Bruno y Lilí les encantaban los tiburones.

Su madre tomó un montón de fotografías. «¡Qué ganas tengo de llegar a casa y revelarlas!», dijo muy contenta.

Pero se había distraído tanto con la cámara que se habían adentrado demasiado en el mar. «No pasa nada, enseguida encontraremos el camino de vuelta», les dijo a Bruno y Lilí.

Pero entonces todo se llenó de niebla.
Era una niebla tan espesa que apenas
podían ver lo que tenían delante.

«Creo que nos hemos perdido», dijo la
madre de Bruno y Lilí.

De repente, se oyeron silbidos y chillidos.
Unas siluetas oscuras se movían en el
agua, junto a la barca, con un ruido
ensordecedor.

«¡Son delfines!», exclamó la madre.
Los delfines nadaron alrededor de la
barca, silbando y saltando fuera del agua.

«¿Qué están haciendo?», preguntó Bruno.

«Creo que quieren ayudarnos a volver
a casa», dijo su madre. «Dicen que
los delfines ayudan a orientarse a las
personas que se pierden en el mar».

Entonces oyeron un chasquido que les resultaba familiar.

Era Saltarín, el delfín que habían salvado en una ocasión.

Saltarín se acercó mucho a la barca.
La madre de Lilí y Bruno los siguió a él y a los demás delfines a través de la niebla hasta que divisó el espigón.

«Seguro que Saltarín y sus amigos nos
han guiado para darnos las gracias por
haberle salvado la vida», dijo Bruno.

«Seguro que sí», dijo su madre.

«¡Eres genial, Saltarín!», gritó Bruno.

«¡Gracias, Saltarín!», gritó Lilí. Los tres se despidieron de los delfines mientras estos se alejaban de la playa, dando grandes saltos entre las olas.

Irene, la detective

Irene quería ser detective. Iba a todas partes con su bloc de notas y su lupa.

A Irene le gustaba mirarlo todo con la lupa. Después, tomaba notas en el bloc.

«¿Qué haces, Irene?», le preguntó su hermana pequeña, Rosa.

«Busco pistas», le contestó. Señaló las manchas que había debajo de los rosales. «¿Ves estas huellas? Pues son de un león».

«Por las huellas podemos seguir su rastro por el jardín. Seguro que se ha escapado del zoo», dijo Irene.

«¿Cómo lo sabes?», le preguntó Rosa.

«Porque soy detective», le contestó. «Busco pistas». Irene tiró de un mechón de pelo que había en la espina de un rosal.

«Mira, ¡otra pista!», dijo Irene. «Es pelo de león. Ha pasado por aquí. Ha dejado sus huellas y se ha enganchado en el rosal. Después, se ha ido hacia el árbol. Igual está subido en él, mirándonos».

En lo alto del árbol dormitaba Canela, el gato de Irene.

De repente, Irene vio que salía humo de detrás de la verja del jardín del vecino.

«¡Mira!», le dijo a su hermana. «¡Otra pista! Es un dragón. Los dragones echan fuego y humo por la boca».

«¿De verdad?», le preguntó Rosa. Tenía los ojos abiertos como platos.

«¡Claro!», le contestó Irene. «Soy detective y sé cómo interpretar las pistas».

Detrás de la verja, el vecino echaba más hojas a la hoguera. Justo entonces, su madre las llamó desde la cocina.

«¡Irene! ¡Rosa! ¿Podéis venir un momento?». Las niñas corrieron hacia allí.

«¡Estamos jugando a detectives, mamá!», dijo Rosa. «¿Sabías que hay un león y un dragón en el jardín?».

«¿De verdad?», le preguntó su madre. «Si sabéis esto quizá también sepáis dónde están las galletas. No queda ni una».

«Alguien se las ha llevado», dijo Rosa.
«Pero no te preocupes, Irene es muy
buena detective. ¿Ya sabes quién ha sido,
Irene?».

«No estoy segura», murmuró. Se giró
un poco para que no la vieran y se metió
la mano en el bolsillo del pantalón.
Entonces dejó caer un montón de migas
en el suelo y sonrió.

«Lo siento», dijo. «No tengo ninguna
pista».

Odón, el dragón

Imagina una ciudad llena de dragones que se pasearan en bici y en monopatín y fueran al colegio. La ciudad estaría llena de personajes interesantes y, sin duda, el dragón más interesante sería Odón.

Odón era pequeño, pero tenía un gran problema. Cada vez que estornudaba, tosía o se reía, echaba llamas por la boca y prendía fuego a todo lo que se le ponía por delante.

Un día, durante las fiestas, Odón se rió y prendió fuego al castillo de fuegos artificiales.

Incluso su fiesta de cumpleaños fue un desastre. Al intentar soplar las velas, las llamas chamuscaron la tarta, hicieron explotar los globos, prendieron fuego a los gorros de papel y derritieron el helado.

Sus amigos, Damián, Demetrio y Darío, controlaban las llamaradas que echaban. Podían encender una cerilla o hacer la comida. Pero Odón, no.

«Intenta contener el aliento», le decía Damián.

«Intenta mantener la boca cerrada»,
le decía Demetrio.

«¡Tengo la solución!», le dijo un día
Darío. «Te ataré una bufanda alrededor
de las mandíbulas».

Al principio, el truco funcionó. Pero
después, Odón tuvo un ataque de hipo.
Todo el mundo se cobijó donde pudo para
protegerse de la gran columna de fuego
que en unos segundos prendió fuego al
ayuntamiento.

Desde aquel día, Odón llevó un protector
bucal a prueba
de fuego.

Un día, los cuatro amigos tenían una misión especial que cumplir.

Lejos de allí, una bruja sobrevolaba las calles con su escoba todas las noches y no dejaba pegar ojo. Además, convertía a gatos y perros en ratones y sapos.

Los pequeños dragones decidieron poner en práctica sus habilidades. Todos, excepto Odón.

Desplegaron las alas y sobrevolaron campos y granjas hasta llegar a la ciudad. Acamparon en una cueva enorme y esperaron a que oscureciera.

Al cabo de un rato, vieron cómo la bruja bajaba en picado sobre la ciudad coreando sus conjuros mágicos. Tenían que poner fin a aquella situación.

Damián le lanzó una llamarada, pero no fue suficiente. Demetrio apuntó a la escoba, pero falló. Darío intentó rodearla con un círculo de fuego, pero la bruja logró escapar.

Entonces los dragones le desataron el protector a Odón.

«¡Ayúdanos, Odón!», le gritaron. Odón lanzó una llamarada inmensa en dirección al cielo que envolvió la escoba en llamas.

Los cuatro amigos vieron cómo la bruja caía sobre un árbol. ¡Lo habían conseguido!

Cuando los dragones llegaron a casa, Odón se convirtió en el héroe de la ciudad. Y pudo celebrarlo, ¡esta vez sin protector!

Las aventuras de Samuel

Era martes por la mañana, la maestra reclamaba la atención de los alumnos y Samuel llegaba tarde.

«He visto a Samuel jugando con el perro del conserje», le dijo Martín a la maestra.

De repente, Samuel entró veloz como un rayo. «Llegas tarde, Samuel», le riñó la maestra.

«Lo siento», dijo nervioso. «Acabo de cruzarme con un monstruo horroroso. Me ha lamido la cara con su lenguota y luego ha desaparecido».

«Siéntate, Samuel. Me temo que tendré que hablar con tu madre», le dijo la maestra.

El miércoles, Samuel volvió a llegar tarde.

«He visto a Samuel jugando en la arena
del patio», le dijo Alicia a la maestra.

Acto seguido, Samuel abrió la puerta
del aula.

«Lo siento», dijo jadeante. «Estaba
cruzando el patio cuando, de repente,

se abrió el suelo y caí en un agujero. Luego se oyó un estruendo y salí disparado. El agujero se cerró detrás de mí, crucé el patio y aquí estoy».

«Siéntate, Samuel. Tengo que hablar con tu madre cuanto antes», murmuró la maestra.

Al día siguiente, Samuel llegó tarde otra vez.

«He visto a Samuel en la tienda de caramelos camino del colegio», le dijo Berta a la maestra.

Justo entonces, entró Samuel.

«Lo siento», dijo con la voz entrecortada. «Venía hacia aquí cuando he notado que un platillo volante me atraía hacia sí.

Los extraterrestres me han obligado a comerme su comida y han dejado que me fuera».

«Siéntate, Samuel. Por favor, dile a tu madre que venga a verme mañana», le dijo la maestra.

Al día siguiente, cuando la maestra reclamó la atención, se levantaron varias manos. «Samuel aún no ha venido». La maestra suspiró profundamente.

Entonces, se abrió la puerta.

«Lo siento», dijo jadeante. «Se ha inundado la cocina de casa por culpa del hámster».

«¡Vamos a ver, Samuel! Ya está bien de historias. Además, te dije que quería ver a tu madre», le recriminó la maestra.

«Buenos días», saludó la madre de Samuel asomándose por la puerta. «Siento el retraso, pero es que esta noche se nos ha escapado el hámster. Se metió debajo del entarimado y royó la cañería de plástico. Cuando nos hemos levantado estaba toda la cocina inundada».

«Pero ya está arreglado», sonrió Samuel. «Y prometo no volver a llegar tarde. Ya me he cansado de tantas aventuras».

«¿En serio, Samuel?», dijo con una sonrisa la maestra. «¡Yo también!».

Perdido en la nieve

Tip y Top eran dos perros pastores. Vivían en una granja de las colinas y ayudaban al granjero a cuidar de las ovejas.

Una mañana que nevaba, los dos perros se despertaron pronto.

El granjero entró en la cocina. «Hace un frío que pela, chicos», les dijo.

Después de desayunar, Tip y Top se pusieron a jugar para entrar en calor mientras su dueño limpiaba la casa.

«¡Vaya, tendré que ir a comprar más leña!», exclamó el granjero. «Será mejor que salga enseguida».

La leña la vendían en un valle al otro lado de la colina. El granjero tardaría toda la tarde en ir y venir. «Tendréis que cuidar vosotros solos de las ovejas», les dijo a Tip y Top. «¡Hasta la noche!».

El granjero les dio una palmadita,
se puso la chaqueta y salió al jardín.

Poco después los perros llegaron al
prado donde las ovejas estaban bien
acurrucadas.

De repente, Top oyó un aullido a su
espalda. Tip se había caído en un agujero.

«¿Te has hecho daño?», le preguntó Top.

«Creo que no puedo caminar», le contestó Tip intentando arrastrarse por la nieve.

«Llevaré las ovejas a la granja y vendré a buscarte tan pronto como pueda», dijo Top. En cuanto pudo juntar el ganado, regresó a buscarle.

Pero Tip no estaba. Se había esfumado.
Entonces Top decidió ir a buscar al
granjero.

«¡Top!», exclamó el granjero, que
ya estaba en casa. «Nos tenías
preocupados».

Top entró y encontró a Tip dentro de su cesta junto a la chimenea. Llevaba la pata vendada.

«Menos mal que estás sano y salvo», le dijo Top. «¿Cómo has podido llegar?».

Tip le dijo que se había encontrado con el granjero cuando volvía a casa. Él lo había ayudado a regresar sano y salvo.

Cuando se durmieron, Tip y Top se olvidaron de aquella ajetreada jornada en la nieve. Los dos soñaban con pasar el día cómodamente delante de la chimenea.

El hada madrina de Marina

Marina estaba delante del escaparate.

«¡Qué vestido tan bonito!», suspiró.

«¿Y qué me dices de las zapatillas de ballet?», añadió su hermana Catalina.

Marina se había apuntado a clases de ballet y aquel vestido y aquellas zapatillas le irían de maravilla. Cuando llegaron a casa, Marina le preguntó a su madre si podía comprárselos. «¡Es un conjunto precioso, mamá!», le dijo.

«Ahora no podemos», le dijo su madre. «Quizá dentro de unos meses».

«Unos meses son mucho tiempo», dijo su padre cuando vio la cara de decepción de Marina. «Aunque quizá podrías pedírselo a tu hada madrina», añadió bromeando.

«¡Como Cenicienta!», pensó Marina. «Pero, ¿dónde la encontraré? Le enviaré una nota por la chimenea».

Catalina le ayudó a escribir la nota y, después, Marina la envió por la chimenea.

Marina estaba segura de que funcionaría. «Sabré que es mi hada madrina en cuanto la vea», le dijo a Catalina. «Será muy guapa, con un vestido blanco y alas».

A la semana siguiente, la tía Lola vino a quedarse unos días.

Era la tía favorita de Marina.
«Pero no puede ser mi hada
madrina», le dijo Marina a
Catalina. «¡No podría llamarse
Lola!». Marina empezó a observar
a la gente. ¿Ocultarían las alas bajo
el abrigo? ¿Y la varita mágica en el
bolsillo?

Un fin de semana, el abuelo vino a
comer. Tampoco podía ser él, ¡las hadas
madrinas son mujeres!

Ni tampoco la señora Anita, la vecina.

Al día siguiente, Marina vio cómo su madre planchaba un vestido blanco largo en la cocina.

Mientras jugaba en el jardín, vio a su abuelo en el garaje. Ponía pegatinas brillantes en lo que parecían unas alas blancas. Después vio cómo la señora Anita regresaba de la tienda en bicicleta: ¡y de la cesta asomaba una varita mágica!

«¡Qué raro!», pensó Marina.

Pasaron los días y el hada madrina de
Marina seguía sin aparecer.

«¿Sabes qué?», le dijo a Catalina.
«El vestido y las zapatillas de ballet han
desaparecido del escaparate. Alguien los
ha comprado».

A la noche siguiente, Marina pidió a la
tía Lola que le contara un cuento.

Cuando entró en la habitación, llevaba
un vestido blanco largo, un par de alas
centelleantes y una varita en la mano.

«Esto es para ti», le dijo su tía con una
sonrisa.

Y le dio el vestido y las zapatillas rosas
de ballet.

«¡Eres tú mi hada madrina!», exclamó Marina dándole un gran beso a su tía. El vestido y las zapatillas le quedaban de maravilla.

Cuando bajaron, la madre de Marina le contó que la tía Lola iba a una fiesta de disfraces, por eso ella le había planchado el vestido y el abuelo le había hecho las alas.

«¡Eso significa que las personas reales también pueden ser hadas madrinas!», exclamó Marina.